Tomas Tranströmer was born in Stockholm in 1931. He has written
eleven books of poetry and has received numerous international
honours, including the Neustadt International Prize for Literature,
the Bonnier Award for Poetry, Germany's Petrarch Prize, the
Bellman Prize, the Swedish Academy's Nordic Prize and, in 2007,
the Griffin Lifetime Recognition Award. He lives with his wife in
Stockholm.

Robin Robertson is from the north-east coast of Scotland. He has
received a number of honours for his poetry, including the E.M.
Forster Award from the American Academy of Arts and Letters.
His third book, *Swithering*, won the 2006 Forward Prize for Best
Collection and the Scottish Arts Council Poetry Book of the Year
Award.

Tomas Tranströmer

———

The Deleted World

new versions in English by
Robin Robertson

ENITHARMON PRESS

First published in 2006
by Enitharmon Press
26B Caversham Road
London NW5 2DU

www.enitharmon.co.uk

Reprinted June 2007

Distributed by
Central Books
99 Wallis Road
London E9 5LN

ISBN 1 904634 48 6 (paperback)
ISBN 1 904634 51 6 (signed limited edition)

Enitharmon Press gratefully acknowledges
The Swedish Institute
as sponsor of the translation costs.

British Library Cataloguing-in-Publication Data.
A catalogue record for this book is available
from the British Library.

Designed by Libanus Press
and printed in England by
Antony Rowe Ltd

for
Drenka Willen

CONTENTS

The Deleted World

HÖSTLIG SKÄRGÅRD

storm

Plötsligt möter vandraren här den gamla
jätteeken, lik en förstenad älg med
milsvid krona framför septemberhavets
    svartgröna fästning.

Nordlig storm. Det är i den tid när rönnbärs-
klasar mognar. Vaken i mörkret hör man
stjärnbilderna stampa i sina spiltor
    högt över trädet.

kväll – morgon

Månens mast har murknat och seglet skrynklas.
Måsen svävar drucken bort över vattnet.
Bryggans tunga fyrkant är kolnad. Snåren
    dignar i mörkret.

Ut på trappan. Gryningen slår och slår i
havets gråstensgrindar och solen sprakar
nära världen. Halvkvävda sommargudar
    famlar i sjörök.

AUTUMNAL ARCHIPELAGO

storm

Suddenly the walker comes upon the ancient oak: a huge
rooted elk whose hardwood antlers, wide
as this horizon, guard the stone-green walls of the sea.

A storm from the north. It is the time of rowanberries.
Awake in the night he hears – far above the horned tree –
the stars, stamping in their stalls.

evening – morning

The mast of the moon has rotted, its sail grey with mildew.
The seagull makes a drunken sweep of the sea, the charred
chunk of jetty, the heavy undergrowth in the dark.

On the threshold. Morning beats and beats on the granite
gates of the sea, and the sun sparkles at the world.
Half-smothered, the summer gods fumble in the haar.

ostinato

Under vråkens kretsande punkt av stillhet
rullar havet dånande fram i ljuset,
tuggar blint sitt betsel av tång och frustar
skum över stranden.

Jorden höljs av mörker som flädermössen
pejlar. Vråken stannar och blir en stjärna.
Havet rullar dånande fram och frustar
skum över stranden.

ostinato

Under the buzzard's circling point of stillness
the ocean rolls thundering into the light; blindly chewing
its straps of seaweed, it snorts up foam across the beach.

The earth is covered in darkness, traced by bats.
The buzzard stops and becomes a star. The ocean rolls
thundering on, blowing the foam away across the beach.

PARET

De släcker lampan och dess vita kupa skimrar
ett ögonblick innan den löses upp
som en tablett i ett glas mörker. Sedan lyftas.
Hotellets väggar skjuter upp i himmelsmörkret.

Kärlekens rörelser har mojnat och de sover
men deras hemligaste tankar möts
som när två färger möts och flyter in i varann
på det våta papperet i en skolpojksmålning.

Det är mörkt och tyst. Men staden har ryckt närmare
i natt. Med släckta fönster. Husen kom.
De står i hopträngd väntan mycket nära,
en folkmassa med uttrykslösa ansikten.

THE COUPLE

They turn out the lamplight, and its white globe
glimmers for a moment: an aspirin rising and falling
then dissolving in a glass of darkness. Around them,
the hotel walls slide like a back-drop up into the night sky.

Love's drama has died down, and they're sleeping now,
but their dreams will meet as colours meet
and bleed into each other
in the dampened pages of a child's painting-book.

All around is dark, and silent. The city has drawn in,
extinguishing its windows. The houses have approached.
They crowd in close, attentive:
this audience of cancelled faces.

ANSIKTE MOT ANSIKTE

I februari stod levandet still.
Fåglarna flög inte gärna och själen
skavde mot landskapet så som en båt
skaver mot bryggan den ligger förtöjd vid.

Träden stod vända med ryggen hitåt.
Snödjupet mättes av döda strån.
Fotspåren åldrades ute på skaren.
Under en presenning tynade språket.

En dag kom någonting fram till fönstret.
Arbetet stannade av, jag såg upp.
Färgerna brann. Allt vände sig om.
Marken och jag tog ett spräng mot varann.

FACE TO FACE

In February life stood still.
The birds refused to fly and the soul
grated against the landscape as a boat
chafes against the jetty where it's moored.

The trees were turned away. The snow's depth
measured by the stubble poking through.
The footprints grew old out on the ice-crust.
Under a tarpaulin, language was being broken down.

Suddenly, something approaches the window.
I stop working and look up.
The colours blaze. Everything turns around.
The earth and I spring at each other.

EN VINTERNATT

Stormen sätter sin mun till huset
och blåser för att få ton.
Jag sover oroligt, vänder mig, läser
blundande stormens text.

Men barnets ögon är stora i mörkret
och stormen den gnyr för barnet.
Båda tycker om lampor som svänger.
Båda är halvvägs mot språket.

Stormen har barnsliga händer och vingar.
Karavanen skenar mot Lappland.
Och huset känner sin stjärnbild av spikar
som håller väggarna samman.

Natten är stilla över vårt golv
(där alla förklingade steg
vilar som sjunkna löv i en damm)
men därute är natten vild!

Över världen går en mer allvarlig storm.
Den sätter sin mun till vår själ
och blåser för att få ton. Vi räds
att stormen blåser oss tomma.

A WINTER NIGHT

The storm puts its mouth to the house
and blows to get a tone.
I toss and turn, my closed eyes
reading the storm's text.

The child's eyes grow wide in the dark
and the storm howls for him.
Both love the swinging lamps;
both are halfway towards speech.

The storm has the hands and wings of a child.
Far away, travellers run for cover.
The house feels its own constellation of nails
holding the walls together.

The night is calm in our rooms,
where the echoes of all footsteps rest
like sunken leaves in a pond,
but the night outside is wild.

A darker storm stands over the world.
It puts its mouth to our soul
and blows to get a tone. We are afraid
the storm will blow us empty.

VINTERNS FORMLER

I

Jag somnade i min säng
och vaknade under kölen.

På morgonen klockan fyra
då tillvarons renskrapade ben
umgås med varann kallt.

Jag somnade bland svalorna
och vaknade bland örnarna.

II

I lyktskenet är vägens is
glänsande som ister.

Det är inte Afrika.
Det är inte Europa.
Det är ingenstans annat än 'här'.

Och det som var 'jag'
är bara ett ord
i decembermörkrets mun.

III

Anstaltens paviljonger
utställda i mörkret
lyser som TV-skärmar.

WINTER'S CODE

I

I fell asleep in my bed
and woke up under the keel.

At four in the morning
life's clean-picked bones
engage in brittle repartee.

I fell asleep among the swallows
and woke among eagles.

II

In the lamplight the ice on the road
gleams like glycerine.

This is not Africa.
This is not Europe.
This is nowhere else but 'here'.

And that which was 'I'
is only a word
in the darkness of December's mouth.

III

The asylum pavilions,
lit up in the night,
are bright as TV screens.

En dold stämgaffel
i den stora kölden
utsänder sin ton.

Jag står under stjärnhimlen
och känner världen krypa
in och ut i min rock
som i en myrstack.

IV

Tre svarta ekar ur snön.
Så grova, men fingerfärdiga.
Ur deras väldiga flaskor
ska grönskan skumma i vår.

V

Bussen kryper genom vinterkvällen.
Den lyser som ett skepp i granskogen
där vägen är en trång djup död kanal.

Få passagerare: några gamla och några mycket unga.
Om den stannade och släckte lyktorna
skulle världen utplånas.

A hidden tuning-fork
in the great cold
throws out its shivering tone.

I stand under the starry sky
and feel the world thrill
through me, like the pulse
of ants in an anthill.

IV

Three black oaks rear through the snow:
rough, but nimble-fingered.
In the spring, their giant bottles
will froth with green.

V

The bus negotiates the winter night:
a flickering ship in the pine forest
on a road as narrow and deep as a dead canal.

Few passengers: some old, some very young.
If it stopped and switched off its lights
the world would be deleted.

ENSAMHET (I)

Här var jag nära att omkomma en kväll i februari.
Bilen gled sidledes på halkan, ut
på fel sida av vägen. De mötande bilarna –
deras lyktor – kom nära.

Mitt namn, mina flickor, mitt jobb
lösgjorde sig och blev kvar tyst bakom,
allt längre bort. Jag var anonym
som en pojke på en skolgård omgiven av fiender.

Mötande trafik hade väldiga ljus.
De lyste på mig medan jag styrde och styrde
i en genomskinlig skräck som flöt som äggvita.
Sekunderna växte – man fick rum där –
de blev stora som sjukhusbyggnader.

Man kunde nästan stanna upp
och andas ut en stund
innan man krossades.

Då uppstod ett fäste: ett hjälpande sandkorn
eller en underbar vindstöt. Bilen kom loss
och krälade snabbt tvärs över vägen.
En stolpe sköt upp och knäcktes – en skarp klang – den
flög bort i mörkret.

Tills det blev stilla. Jag satt kvar i selen
och såg hur någon kom genom snöyran
för att se vad det blev av mig.

SOLITUDE (I)

I was nearly killed here, one night in February.
My car shivered, and slewed sideways on the ice,
right across into the other lane. The slur of traffic
came at me with their lights.

My name, my girls, my job, all
slipped free and were left behind, smaller and smaller,
further and further away. I was nobody:
a boy in a playground, suddenly surrounded.

The headlights of the oncoming cars
bore down on me as I wrestled the wheel through a slick
of terror, clear and slippery as egg-white.
The seconds grew and grew – making more room for me –
stretching huge as hospitals.

I almost felt that I could rest
and take a breath
before the crash.

Then something caught: some helpful sand
or a well-timed gust of wind. The car
snapped out of it, swinging back across the road.
A signpost shot up and cracked, with a sharp clang,
spinning away in the darkness.

And it was still. I sat back in my seat-belt
and watched someone tramp through the whirling snow
to see what was left of me.

I DET FRIA

I

Senhöstlabyrint.
Vid skogens ingång en bortkastad tomflaska.
Gå in. Skogen är tysta övergivna lokaler så här års.
Bara några få slags ljud: som om någon flyttade kvistar
    försiktigt med en pincett
eller ett gångjärn som gnyr svagt inne i en tjock stam.
Frosten har andats på svamparna och de har skrumpnat.
De liknar föremål och plagg som hittas efter försvunna.
Nu kommer skymningen. Det gäller att hinna ut
och återse sina riktmärken: det rostiga redskapet ute på åkern
och huset på andra sidan sjön, en rödbrun fyrkant stark som en
    buljongtärning.

II

Ett brev från Amerika satte igång mig, drev ut mig
en ljus natt i juni på tomma gator i förstaden
bland nyfödda kvarter utan minne, svala som ritningar.

Brevet i fickan. Osaliga rasande vandring, den är ett slags förbön.
Hos er har det onda och goda verkligen ansikten.
Det som hos oss mest är en kamp mellan rötter, siffror, dagrar.

De som går dödens ärenden skyr inte dagsljuset.
De styr från glasvåningar. De myllrar i solgasset.
De lutar sig fram över disken och vrider på huvudet.

Långt borta råkar jag stanna framför en av de nya fasaderna.
Många fönster som flyter ihop till ett enda fönster.
Natthimlens ljus fångas in där och trädkronornas vandring.
Det är en speglande sjö utan vågor, upprest i sommarnatten.

OUT IN THE OPEN

I

The labyrinth of late autumn.
A discarded bottle lies at the entrance to the wood.
Walk in. The forest in this season is a silent palace of abandoned rooms.
Only a few, precise sounds: as if someone were lifting twigs with
      tweezers;
as if, inside each tree-trunk, a hinge was creaking quietly.
Frost has breathed on the mushrooms and they've shrivelled up;
they are like the personal effects of the disappeared.
It is almost dusk. You need to leave now
and find your landmarks again: the rusted implements out in the field
and the house on the other side of the lake, red-brown
and square and solid as a stock-cube.

II

A letter from America set me off, drove me out
on a white night in June through the empty suburban streets
among built blocks, cool as blueprints, too new to have memories.

The letter in my pocket. My unquiet raging stride a kind of prayer.
Where you are now, evil and good really do have faces.
Here, it's mostly a struggle between roots, numbers, transitions of light.

Those that run messages for death don't shy from daylight.
They govern from glass offices. They swell in the sun.
They lean over their desks and look at you askance.

Far away from that, I find myself in front of one of the new buildings.
Many windows merging into one window.
The light of the night sky and the swaying of the trees are caught there:
in this still mirror-lake, up-ended in the summer night.

Våld känns overkligt
en kort stund.

III

Solen bränner. Flygplanet går på låg höjd
och kastar en skugga i form av ett stort kors som rusar fram på
    marken.
En människa sitter på fältet och rotar.
Skuggan kommer.
Under en bråkdels sekund är han mitt i korset.

Jag har sett korset som hänger i svala kyrkvalv.
Det liknar ibland en ögonblicksbild
av något i häftig rörelse.

Violence seems unreal
for a while.

III

The sun is scorching. The plane comes in low,
throwing a shadow in the shape of a giant cross, rushing over
      the ground.
A man crouches over something in the field.
The shadow reaches him.
For a split-second he is in the middle of the cross.

I have seen the cross that hangs from cool church arches.
Sometimes it seems like a snapshot
of frenzy.

TILL VÄNNER BAKOM EN GRÄNS

I

Jag skrev så kargt till er. Men det jag inte fick skriva
svällde och svällde som ett gammaldags luftskepp
och gled bort till sist genom natthimlen.

II

Nu är brevet hos censorn. Han tänder sin lampa.
I skenet flyger mina ord upp som apor på ett galler
ruskar till, blir still, och visar tänderna!

III

Läs mellan raderna. Vi ska träffas om 200 år
då mikrofonerna i hotellets väggar är glömda
och äntligen får sova, bli ortoceratiter.

TO FRIENDS BEHIND A BORDER

I

I wrote to you so cautiously. But what I couldn't say
filled and grew like a hot-air balloon
and finally floated away through the night sky.

II

Now my letter is with the censor. He lights his lamp.
In its glare my words leap like monkeys at a wire mesh,
clattering it, stopping to bare their teeth.

III

Read between the lines. We will meet in two hundred years
when the microphones in the hotel walls are forgotten –
when they can sleep at last, become ammonites.

SKISS I OKTOBER

Bogserbåten är fräknig av rost. Vad gör den här så långt inne i landet?
Den är en tung, slocknad lampa i kylan.
Men träden har vilda färger. Signaler till andra stranden!
Som om några ville bli hämtade.

På väg hem ser jag bläcksvamparna skjuta upp genom gräsmattan.
De är de hjälpsökande fingrarna på en
som snyftat länge för sig själv i mörkret där nere.
Vi är jordens.

SKETCH IN OCTOBER

The tugboat is freckled with rust. What is it doing so far inland?
It's a heavy burnt-out lamp, tipped over in the cold.
But the trees still carry colours – wild signals to the other shore as if
someone wanted to be fetched home.

On the way back, I see mushrooms pushing up through the grass.
Stretching for help, these white fingers
belong to someone who sobs down there in the darkness.
We belong to the earth.

HEMÅT

Ett telefonsamtal rann ut i natten och glittrade på lands-
bygden och i förstäderna.
Efteråt sov jag oroligt i hotellsängen.
Jag liknade nålen i en kompass som orienteringslöparen bär
genom skogen med bultande hjärta.

CALLING HOME

Our phonecall spilled out into the dark
and glittered between the countryside and the town
like the mess of a knife-fight.
Afterwards, all night jittery and spent in the hotel bed,
I dreamt I was the needle in a compass
some orienteer bore through the forest with a spinning heart.

Trött på alla som kommer med ord, ord men inget språk
for jag till den snötäckta ön.
Det vilda har inga ord.
De oskrivna sidorna breder ut sig åt alla håll!
Jag stöter på spåren av rådjursklövar i snön.
Språk men inga ord.

Sick of those who come with words, words but no language,
I make my way to the snow-covered island.

Wilderness has no words. The unwritten pages
stretch out in all directions.

I come across this line of deer-slots in the snow: a language,
language without words.

SVARTA VYKORT

I

Almanackan fullskriven, framtid okänd.
Kabeln nynnar folkvisan utan hemland.
Snöfall i det blystilla havet. Skuggor
brottas på kajen.

II

Mitt i livet händer att döden kommer
och tar mått på människan. Det besöket
glöms och livet fortsätter. Men kostymen
sys i det tysta.

BLACK POSTCARDS

I

The calendar is full but the future is blank.
The wires hum the folk-tune of some forgotten land.
Snow-fall on the lead-still sea. Shadows
      scrabble on the pier.

II

In the middle of life, death comes
to take your measurements. The visit
is forgotten and life goes on. But the suit
      is being sewn on the sly.

ELDKLOTTER

Under de dystra månaderna gnistrade mitt liv till bara när jag
  älskade med dig.
Som eldflugan tänds och slocknar, tänds och slocknar
  – glimtvis kan man följa dess väg
i nattmörkret mellan olivträden.

Under de dystra månaderna satt själen hopsjunken och livlös
men kroppen gick raka vägen till dig.
Natthimlen råmade.
Vi tjuvmjölkade kosmos och överlevde.

FIRE GRAFFITI

Throughout those dismal months my life was only sparked alight
    when I made love to you.
As the firefly ignites and fades, ignites and fades, we follow the flashes
of its flight in the dark among the olive trees.

Throughout those dismal months, my soul sat slumped and lifeless
but my body walked to yours.
The night sky was lowing.
We milked the cosmos secretly, and survived.

FRÅN ÖN 1860

I

En dag när hon sköljde tvätt från bryggan
steg fjärdens köld upp genom armarna
och in i livet.

Tårarna frös till glasögon.
Ön lyfte sig själv i gräset
och strömmingsfanan vajade i djupet.

II

Och koppornas svärm hann upp honom
slog ner på hans ansikte.
Han ligger och stirrar i taket.

Hur det roddes uppför tystnaden.
Nuets evigt rinnande fläck
nuets evigt blödande punkt.

ISLAND LIFE, 1860

I

One day when she was rinsing clothes at the jetty
the chill of the sea rose up through her arms
and into her soul.

Her tears froze to a pair of spectacles. The island
gathered itself, its white grass bristling,
and the herring flag streamed in the depths of the sea.

II

The swarm of smallpox caught up with him
and settled on his face.
He lies in bed, staring into the ceiling.

What huge effort to move through this silence.
The stain of this moment spreading out forever,
this moment's wound in its ever-widening pool.

MIDVINTER

Ett blått sken
strömmar ut från mina kläder.
Midvinter.
Klirrande tamburiner av is.
Jag sluter ögonen.

Det finns en ljudlös värld
det finns en spricka
där döda
smugglas över gränsen.

MIDWINTER

A blue light
streams out of my clothes.
Midwinter.
Ringing tambourines of ice.
I close my eyes.
There is a silent world,
there is a crack
where the dead
are smuggled over the border.

ACKNOWLEDGEMENTS

Grateful acknowledgement is made to the editors of the *London Review of Books*, the *New Republic*, *Poetry*, *Poetry London*, *Poetry Review* and the *Times Literary Supplement*, where versions in this book first appeared, some in earlier incarnations.

'To Friends behind a Border' appeared on the Blinking Eye website, and was read on BBC Radio 4.

The original Swedish poems are published by Albert Bonniers Förlag, and are reproduced here by permission.

I would like to thank Ingemar Fasth of Kulturhuset, Stockholm, Helen Sigeland of the Swedish Institute and Stephen Stuart-Smith of Enitharmon for their enthusiasm and assistance in bringing this project into being. The English versions would not exist in this form without the encouragement of Dr Karin Altenberg; I am indebted to her for her invaluable help with the original texts – though any infelicities of translation are mine alone. My particular gratitude goes to Monica and Tomas Tranströmer for their kindness and hospitality and for accepting these imitations in the spirit in which they were made.